Paramahansa Yogananda
(1893 – 1952)

PARAMAHANSA YOGANANDA

ONNISTUMISEN LAKI

Terveyden, vaurauden ja

onnellisuuden luominen

Hengen voiman avulla

TIETOA KIRJASTA: Self-Realization Fellowship julkaisi tämän kirjasen alkuaan englanniksi 1944, ja siitä lähtien se on ollut jatkuvasti saatavilla. Se on käännetty yhdelletoista kielelle: espanjaksi, italiaksi, japaniksi, kreikaksi, norjaksi, portugaliksi, ranskaksi, ruotsiksi, saksaksi, suomeksi ja venäjäksi.

Englanninkielinen alkuteos: *The Law of Success*,
julkaissut *Self-Realization Fellowship*, Los Angeles, Kalifornia

ISBN 13: 978-0-87612-150-4
ISBN 10: 0-87612-150-4

Suomentanut Self-Realization Fellowship
Copyright © 2013 Self-Realization Fellowship

Self-Realization Fellowship -järjestön Kansainvälisen julkaisuneuvoston hyväksymä

Self-Realization Fellowship -nimi ja yllä nähtävä tunnus esiintyvät kaikissa SRF-kirjoissa, äänitteissä ja muissa julkaisuissa varmistamassa, että ne ovat Paramahansa Yoganandan perustaman järjestön tuottamia ja seuraavat uskollisesti hänen opetuksiaan.

Ensimmäinen suomenkielinen *Self-Realization Fellowshipin* tuottama painos 2013

First edition in Finnish from Self-Realization Fellowship, 2013

ISBN-13: 978-0-87612-384-**3**
ISBN-10: 0-87612-384-1

1465-J2207

Hän, joka etsii Jumalaa, on viisain.
Hän, joka on löytänyt Jumalan, on menestynein.

– Paramahansa Yogananda

ULJAS UUSI

Laula lauluja, ennen laulamattomia,

Ajattele ajatuksia, jotka ensi kerran aivoissa
kaikuvat,

Kulje polkuja, vaeltamattomia,

Vuodata kyyneleitäsi Jumalalle, niin kuin ei
kukaan koskaan,

Suo rauhasi heille, joille sitä ei ole suotu,

Vaadi omaksesi häntä, jonka kaikki ovat
hyljänneet.

Rakasta kaikkia niin kuin ei kukaan ole
rakastanut, ja

käy rohkeasti elämän taisteluun
kahlitsemattomin voimin.

JUMALALLINEN
SYNTYMÄOIKEUTENI

———

Jumala loi minut omaksi kuvakseen. Etsin ensin Häntä ja pidän huolen, että yhteyteni Häneen on todellinen; ja sitten, jos se on Hänen tahtonsa, voidaan kaikki tämä – viisaus, yltäkylläisyys, terveys – lisätä osaksi jumalallista syntymäoikeuttani.

Tahdon kukkuramitoin menestystä, mutta en maallisista lähteistä vaan Jumalan kaiken omistavista, kaikkivoimaisista, kaiken antavista käsistä.

ONNISTUMISEN LAKI

Onko olemassa sellaista voimaa, joka pystyy tuomaan ilmi piilossa olevien rikkauksien suonet ja löytämään aarteita, joista emme ole koskaan edes uneksineet? Onko olemassa mahtia, jonka puoleen voimme kääntyä saadaksemme terveyttä, onnellisuutta ja hengellistä valaistumista? Intian pyhimykset ja viisaat opettavat, että sellainen mahti on olemassa. He ovat osoittaneet todeksi oikeiden periaatteiden voiman, ja nuo periaatteet toimivat myös sinun kohdallasi, jos annat niille mahdollisuuden.

Onnistumisesi elämässä ei johdu pelkästään taidoistasi ja koulutuksestasi, vaan siihen vaikuttaa myös päättäväisyytesi tarttua sinulle tarjoutuviin mahdollisuuksiin. Mahdollisuudet eivät tule sattumalta: ne ilmaantuvat elämäämme, koska olemme ne joskus aiheuttaneet. Sinä itse

– joko nyt tai joskus menneisyydessäsi (mukaan lukien edelliset elämäsi) – olet luonut kaikki ne mahdollisuudet, jotka kohtaat tielläsi. Koska olet ne tuottanut, käytä niitä parhaaksi hyödyksesi.

Kun käytät hyväksesi kaikkia saatavillasi olevia ulkoisia keinoja sekä luontaisia taipumuksiasi voittaaksesi jokaisen eteesi tulevan esteen, kehität Jumalan sinulle antamia lahjoja: rajattomia kykyjä, jotka ovat peräisin olemuksesi syvimmistä voimista. Sinulla on hallussasi ajattelun kyky ja tahdonvoima. Käytä parhaalla mahdollisella tavalla hyödyksesi näitä jumalallisia lahjoja!

AJATUKSEN VOIMA

Onnistut tai epäonnistut sen mukaan, miten ajatuksesi tavallisesti suuntautuvat. Kummat ovat sinussa voimakkaammat: onnistumisen vai epäonnistumisen ajatukset? Jos yleensä ajattelet negatiivisesti, satunnainen myönteinen ajatus ei riitä vetämään puoleensa onnistumista. Mutta jos ajattelet oikein, saavutat päämääräsi, vaikka pimeys näyttäisikin ympäröivän sinua.

Sinä yksin olet vastuussa itsestäsi. Kukaan toinen ei voi vastata teoistasi, kun lopullisen tilinteon hetki koittaa. Sinun työtäsi maailmassa – siinä elämänpiirissä, mihin karmasi eli menneisyyden toimintasi on sinut saattanut – pystyy tekemään vain yksi henkilö: sinä. Ja sinun työtäsi voidaan sanoa "onnistuneeksi" vain, jos se jollain tavalla palvelee lähimmäisiäsi.

Älä jatkuvasti mieti jotain ongelmaasi. Anna sen välillä levätä, ja se saattaa ratketa itsestään. Mutta älä *sinä* lepää niin kauan, että arvostelukykysi katoaisi. Keskity sen sijaan lepohetkinä sisimpääsi, sisäisen Itsen rauhaan. Saattamalla itsesi sopusointuun sielusi kanssa pystyt

arvioimaan tekemisiäsi oikein; ja jos ajatuksesi
ja tekosi ovat menneet vikaan, ne on mahdollista
ohjata uudelleen oikeaan. Jumalalliseen viritty-
minen saavutetaan harjoituksen ja yrittämisen
kautta.

TAHTO LATAA SINUT
ENERGIALLA

Positiivisen ajattelun ohella sinulla tulisi olla
voimakas tahto ja toiminnanhalu menestyäk-
sesi. Jokainen ulospäin suuntautuva ilmaisu on
tahdon seuraus, mutta tahdon käyttäminen ei
aina ole tietoista. On olemassa mekaaninen tahto
sekä tietoinen tahto. Kaikkien kykyjesi voiman-
lähde on tahto. Ilman tahtoa et pysty kävele-
mään, puhumaan, tekemään työtä, ajattelemaan
etkä tuntemaan. Siksi tahdonvoima on kaikkien
toimintojesi liikkeelle paneva voima. (Ollaksesi

käyttämättä tahdonvoimaa sinun tulisi olla täysin toimimaton sekä fyysisesti että mentaalisesti. Jopa liikuttaessasi kättäsi käytät tahdonvoimaa. On mahdotonta elää käyttämättä tätä voimaa.)

Mekaaninen tahto tarkoittaa tahdonvoiman käyttämistä ilman ajatusta. Tietoinen tahto on elämänvoimaa, johon liittyy päättäväisyys ja ponnistus, voimaa, joka täytyy suunnata viisaasti. Kun harjoitat tietoista – et siis mekaanista – tahtoasi, sinun tulisi myös olla varma siitä, että käytät tahdonvoimaasi rakentavasti, et vahingollisiin tarkoituksiin etkä hyödyttömiin hankintoihin.

Luodaksesi dynaamista tahdonvoimaa päätä tehdä jotain sellaista, josta olet ajatellut, että et osaa sitä tehdä. Aloita helpoilla tehtävillä. Sitä mukaa kuin luottamuksesi vahvistuu ja tahdostasi tulee dynaamisempi, voit tähdätä vaikeampiin suorituksiin. Varmista ensin, että olet tehnyt hyvän valinnan, ja luota sitten onnistumiseesi.

Antaudu kaikella tahdonvoimallasi hallitse-
maan yksi asia kerrallaan; älä hajota energiaasi
äläkä jätä hankkeitasi puolitiehen aloittaaksesi
jotain uutta.

VOIT OHJATA KOHTALOASI

Mieli luo kaiken. Siksi sinun tulisi ohjata miel-
täsi luomaan vain hyvää. Jos dynaamisella tah-
donvoimalla tartut johonkin yhteen ajatukseen,
se saa lopulta konkreettisen ulkoisen muodon.
Kun pystyt aina käyttämään tahtoasi rakenta-
vasti, sinusta tulee *kohtalosi ohjaaja*.

Olen juuri maininnut kolme tärkeää keinoa,
joiden avulla voit muuttaa tahtosi dynaamiseksi:
(1) valitse helppo tehtävä tai suoritus, jonka te-
kemisessä et ole koskaan kunnolla onnistunut,
ja päätä että nyt onnistut; (2) varmistu, että va-
lintasi on rakentava ja toteutettavissa, ja hylkää

epäonnistumisen mahdollisuus; (3) keskity yhteen ainoaan päämäärään, ja käytä kaikkia kykyjäsi ja mahdollisuuksiasi sen edistämiseksi.

Sisäisen Itsesi levollisuudessa sinun tulee vakuuttua siitä, että sinun on soveliasta saada tahtomasi ja että se on sopusoinnussa Jumalan tarkoitusten kanssa. Sitten voit käyttää kaiken tahdonvoimasi saavuttaaksesi tavoitteesi pitäen kuitenkin mielesi keskittyneesti Jumalassa, kaiken voiman ja toteuttamisen Lähteessä.

PELKO KULUTTAA ELÄMÄNENERGIAA

Ihmisaivot toimivat elämänenergian varastona. Lihasten liike, sydämen, keuhkojen ja pallean toiminta, solujen aineenvaihdunta, veren kemialliset reaktiot sekä aistin- ja liike-elinten välinen yhteys (hermot) kuluttavat jatkuvasti elämänenergiaa. Lisäksi kaikki ajattelun, tuntemisen ja tahtomisen prosessit tarvitsevat valtavasti elämänenergiaa.

Pelko kuluttaa elämänenergiaa. Se on yksi suurimmista dynaamisen tahdonvoiman vihollisista. Pelko puristaa pois hermoissa tavallisesti tasaisesti virtaavaa elämänvoimaa ja itse hermot ikään kuin halvaantuvat. Näin kehon elinvoimaisuus laskee. Pelko ei auta pääsemään eroon pelon kohteesta; se ainoastaan heikentää tahdonvoimaa. Pelon vaikutuksesta aivot lähettävät kaikkiin elimiin niiden toimintaa lamauttavia käskyjä. Pelko kiristää sydäntä, haittaa ruoansulatusta ja aiheuttaa monia häiriöitä kehossa. Kun pidät tietoisuuden Jumalassa, et pelkää mitään vaan voitat kaikki esteet rohkeuden ja luottamuksen avulla.

"Toive" on *halu ilman energiaa*. Toiveen jälkeen voi tulla "aikomus" eli suunnitelma toiveen tai halun toteuttamiseksi. Mutta "tahto" tarkoittaa: "Minä *toimin*, kunnes toteutan toiveeni." Kun käytät tahdonvoimaasi, vapautat elämänenergiaa – mutta näin ei tapahdu, jos vain passiivisesti toivot saavasi halusi kohteen.

EPÄONNISTUMISEN TULISI HERÄTTÄÄ PÄÄTTÄVÄISYYTESI

Epäonnistumistenkin tulisi herättää tahdonvoimaasi ja stimuloida aineellista ja hengellistä kehitystäsi. Jos olet epäonnistunut jossain pyrkimyksessäsi, sinun kannattaa analysoida kaikki tilanteeseen liittyneet tekijät poistaaksesi mahdollisuuden, että tekisit uudestaan samat virheet.

Epäonnistumisen hetki on parasta aikaa onnistumisen siementen kylvölle. Saatat joutua kovien olosuhteiden kolhimaksi, mutta pidä pääsi pystyssä. Yritä aina *vielä kerran* riippumatta siitä, kuinka monta kertaa olet epäonnistunut. Taistele, vaikka sinusta tuntuisi, että et enää jaksa taistella, tai vaikka sinusta tuntuisi, että olet jo tehnyt parhaasi; taistele, kunnes onnistuminen kruunaa vaivannäkösi. Pieni tarina selventää ideaa.

A ja B tappelivat. Pitkän ajan kuluttua A sanoi itselleen: "En pysty enää jatkamaan." Mutta B ajatteli: "Yksi isku vielä." Hän iski, ja A vaipui maahan. Sinun tulee olla samanlainen: anna viimeinen isku. Käytä lannistumatonta tahdonvoimaasi voittaaksesi kaikki vaikeudet.

Uudet yritykset epäonnistumisen jälkeen saavat aikaan todellista kehitystä. Mutta yritykset täytyy suunnitella hyvin, ja niihin tulee paneutua äärimmäisen intensiivisesti dynaamista tahtoa käyttäen.

Oletetaan, että toistaiseksi *olet* epäonnistunut. Olisi järjetöntä luovuttaa kamppailu ja hyväksyä epäonnistuminen "kohtalona". Jos vielä on mahdollisuus saada jotain toteutetuksi, on parempi kuolla taistellen kuin luopua yrittämästä, sillä vaikka kuolema saapuukin, taistelujesi täytyy pian taas jatkua seuraavassa elämässä. Onnistuminen tai epäonnistuminen on oikeudenmukainen seuraus sekä menneistä *että* nykyisistä teoistasi. Niinpä sinun tulisi virkistää menneitten elämien menestymisajatuksia niin, että ne saavat uutta pontta ja pystyvät voittamaan tämän elämän epäonnistumistaipumusten vaikutuksen.

Menestyneellä on saattanut olla vakavampia vaikeuksia voitettavanaan kuin jollain toisella, joka on epäonnistunut, mutta edellinen on harjaannuttanut itsensä olemaan hyväksymättä epäonnistumisen ajatusta. Sinun tulee siirtää huomiosi epäonnistumisesta onnistumiseen, huolestuneisuudesta tyyneyteen, mielen harhailemisesta keskittymiseen, rauhattomuudesta

rauhaan, ja rauhasta siihen jumalalliseen autuu-
teen, joka löytyy sisäisyydestäsi. Kun saavutat
tämän Itse-oivalluksen tilan, elämäsi tarkoitus
on loistavasti täyttynyt.

ITSETUTKISTELUN TARVE

Vielä yksi edistymisen salaisuus on itsensä
eritteleminen. Itsetutkistelu on peili, jossa voi
nähdä ne mielen sopukat, jotka muuten jäisivät
salatuiksi. Määritä puutteesi ja selvitä hyvät ja
huonot taipumuksesi. Analysoi millainen olet,
minkälaiseksi tahdot tulla, mitkä heikkoudet
ovat esteinäsi. Ratkaise, mikä on todellinen teh-
täväsi – elämäntehtäväsi. Pyri kasvattamaan it-
sesi sellaiseksi kuin sinun tulisi olla ja sellaiseksi,
joka tahdot olla. Kun pidät mielesi Jumalassa ja
olet sopusoinnussa Hänen tahtonsa kanssa, ete-
net tielläsi aina vain varmemmin.

Perimmäinen tarkoituksesi on löytää takaisin Jumalan luo, mutta sinulla on tehtävä myös ulkomaailmassa. Tahdonvoima yhdistettynä aloitekykyyn auttaa sinua tunnistamaan ja suorittamaan tämän tehtävän.

ALOITEKYVYN
LUOVA VOIMA

Mitä on aloitekyky? Se on sinussa oleva luova kyky, Äärettömän Luojan kipinä. Aloitekyvyn voimalla saatat luoda jotain, mitä kukaan muu ei ole koskaan luonut. Se kannustaa sinua toimimaan uudella tavalla. Aloitekykyisen henkilön saavutukset voivat olla yhtä sykähdyttäviä kuin meteorin kiito yötaivaan halki. Luoden jotain näennäisesti tyhjästä hän osoittaa, että siitä mitä on pidetty mahdottomana voi tulla mahdollista, kunhan käytämme Hengen valtavaa keksimiskykyä.

Aloitteellisuus tekee sinut kykeneväksi seiso-
maan omilla jaloillasi, vapaana ja riippumatto-
mana. Se on yksi onnistumisen edellytys.

NÄE JUMALAN KUVA
KAIKISSA IHMISISSÄ

———

Monet antavat itselleen anteeksi omat vikansa
mutta arvostelevat ankarasti toisia. Meidän tu-
lisi muuttaa asenteemme päinvastaiseksi: antaa
anteeksi toisille heidän puutteensa ja tarkastella
ankarasti omia vikojamme.

Joskus on välttämätöntä analysoida toisia.
Tällöin on tärkeätä muistaa pysyä ennakkoluu-
lottomana. Ennakkoluuloton mieli on kuin kir-
kas peili: pysyen vakaana se ei heilahtele hätäis-
ten arvioiden mukana. Tällainen peili näyttää
vääristelemättä jokaisen siinä heijastuvan ihmi-
sen kuvan.

16

Opettele näkemään Jumala kaikissa ihmisissä, kaiken rotuisissa ja eri uskontoja tunnustavissa. Vasta kun tunnet olevasi yhtä kaikkien kanssa, tiedät mitä on jumalallinen rakkaus. Toinen toistamme auttaen unohdamme pienen itsemme ja näemme vilahdukselta äärettömän Itsen, Hengen, joka yhdistää kaikki ihmiset.

AJATTELUTOTTUMUKSESI OHJAAVAT ELÄMÄÄSI

Tottumukset jouduttavat tai estävät suotuisaa lopputulosta.

Varsinaisesti elämääsi ohjaavat jokapäiväiset ajatustottumuksesi, eivät niinkään innostuksen hetkesi tai loistavat ajatuksesi. Ajatustavat ovat mielen magneetteja, jotka vetävät puoleensa asioita, ihmisiä ja olosuhteita. Hyvät ajatustottumukset vaikuttavat niin, että vedät puoleesi

17

hyödyllisiä asioita ja mahdollisuuksia. Huonot ajatustottumukset vetävät sinua materialistien pariin ja epäsuotuisiin olosuhteisiin.

Heikennä huonoa tapaa välttämällä kaikkea, mikä on aiheuttanut sen ja kiihottanut sitä, mutta siten, että et *keskity siihen yrittäessäsi innokkaasti välttää sitä.* Sitten suuntaa ajatuksesi säännöllisesti johonkin hyvään tapaan ja viljele sitä, kunnes se kasvaa osaksi sinua.

Meissä vaikuttaa aina kaksi voimaa, jotka taistelevat keskenään. Toinen voima käskee meitä tekemään jotain, mitä meidän ei pitäisi tehdä, ja toinen kehottaa meitä siihen, mitä meidän tulisi tehdä ja mikä tuntuu meistä vaikealta. Toinen on paha ja toinen hyvä voima, Jumala.

Toisinaan tajuat selvästi jokapäiväisten vaikeiden opetusten kautta, että huonot tavat ruokkivat loputtomien materiaalisten halujen puuta kun taas hyvät tavat ravitsevat hengellisten

pyrkimysten puuta. Yhä enemmän sinun tu-
lisi keskittää voimasi onnistuaksesi hengellisen
puun kasvattamisessa niin, että jonakin päivänä
saatat poimia Itse-oivalluksen kypsän hedelmän.

Jos pystyt vapautumaan kaikenlaisista huo-
noista tavoistasi ja teet hyvää siksi, että tahdot
tehdä hyvää, etkä pelkästään sen vuoksi, että
pahat teot tuovat mukanaan murhetta, etenet jo
oikeasti Hengen alueella.

Aidosti vapaa olet vasta, kun hylkäät koko-
naan huonot tottumuksesi. Vasta kun saat käs-
kettyä itsesi tekemään, mitä sinun pitää tehdä
vaikka et haluaisikaan sitä tehdä, olet todellinen
mestari ja vapaa sielu. *Itsehallinnan kyvyssä pii-
lee ikuisen vapauden siemen.*

Olen maininnut useita tärkeitä onnistumi-
seen vaikuttavia tekijöitä: myönteiset ajatukset,
dynaaminen tahto, itsetutkistelu, aloitekyky ja
itsehallinta. Monet suositut kirjat tähdentävät

yhtä tai useampia näistä, mutta eivät tunnusta
näiden tekijöiden taustalla olevaa Jumalallista
Voimaa. *Jotta vetäisi puoleensa menestystä, kaikkein tärkeintä on olla sopusoinnussa Jumalallisen Tahdon kanssa.*

Jumalallinen Tahto on se voima, joka liikuttaa maailmankaikkeutta ja kaikkea siinä olevaa.
Jumalan tahto sinkautti tähdet taivaalle. Hänen
tahtonsa pitää planeetat kiertoradoillaan ja johtaa kaikkien elämänmuotojen syntymän, kasvun ja rappeutumisen kulkua.

JUMALALLISEN TAHDON VOIMA

Jumalallinen Tahto on rajaton. Se toimii tunnettujen ja tuntemattomien lakien mukaan, luonnonlakien mukaisesti ja näennäisen yliluonnollisesti. Se voi muuttaa kohtalon kulun, herättää

kuolleet henkiin, viskata vuoria mereen ja luoda
uusia aurinkokuntia.

Ihmisellä, Jumalan kuvana, on sisäisyydes-
sään tämä kaikkivoimaisen tahdon kyky. Ihmi-
sen korkein velvollisuus on oikean meditaation[1]
avulla saada selville, miten elää sopusoinnussa
Jumalallisen Tahdon kanssa.

Toimiessamme väärin ihmismieli johtaa
meitä harhaan, mutta viisauden ohjatessa toi-
mintaamme inhimillinen tahtomme on sopu-
soinnussa Jumalallisen Tahdon kanssa. Inhimil-
lisen elämän ristiriidat peittävät usein näkyvistä
Jumalan meitä varten laatiman suunnitelman, ja
niin me kadotamme sisäisen johdatuksen, joka
pelastaisi meidät kurjuuden kuilusta.

---

[1] Meditaatio on erityinen keskittymisen muoto, jossa huomio
vapautetaan tieteellisten joogatekniikoiden avulla kehotietoisuu-
den levottomuudesta ja keskitetään kokonaan Jumalaan. Self-
Realization Fellowshipin opetuskirjeet, *Self-Realization Fellowship
Lessons*, neuvovat yksityiskohtaisesti tätä meditaation tiedettä.
(*Julkaisijan huomautus*)

21

Jeesus sanoi: "Tapahtukoon Sinun tahtosi."
Kun ihminen saattaa tahtonsa sopusointuun
Jumalan tahdon kanssa, jota viisaus ohjaa, hän
käyttää Jumalallista Tahtoa. Harjoittamalla oi-
keita meditaatiotekniikoita, joita Intian viisaat
ovat muinaisina aikoina kehittäneet, jokainen
ihminen voi saavuttaa täydellisen harmonian
Taivaallisen Isän tahdon kanssa.

YLTÄKYLLÄISYYDEN VALTAMERESTÄ

Hänen tahtonsa pitää sisällään kaiken voiman.
Samoin kaikki aineelliset ja hengelliset lahjat ovat
peräisin Hänen loputtomasta runsaudestaan. Vas-
taanottaaksesi Hänen lahjansa sinun täytyy perin
pohjin hävittää mielestäsi vajavaisuuden ja niuk-
kuuden ajatukset. Universaalinen Mieli on täydel-
linen, se ei tunne puutetta. Sinun täytyy ylläpitää

yltäkylläisyyden tietoisuutta päästäksesi tämän ehtymättömän lähteen äärelle. Sinun pitäisi olla huolestumatta, vaikka et tietäisi mistä seuraavaksi tulee rahaa. Kun teet oman osasi ja luotat, että Jumala tekee omansa, olet huomaava, että mystiset voimat tulevat avuksesi ja positiiviset toiveesi toteutuvat pian. Tällainen luottamus ja yltäkylläisyyden tietoisuus saavutetaan meditaation avulla.

Koska Jumala on kaiken mentaalisen voiman, rauhan ja vaurauden lähde, *ota ensin yhteys Jumalaan ja vasta sen jälkeen tahdo ja toimi.* Näin voit valjastaa tahtosi ja toimintasi saavuttamaan korkeita päämääriä. Samoin kuin et voi käyttää rikkinäistä mikrofonia viestien välittämiseen, et pysty lähettämään rukouksia mielen mikrofonilla, jossa on levottomuuden aiheuttamia häiriöitä. Sinun täytyy syvän rauhan avulla korjata mielesi mikrofoni sekä lisätä intuitiosi vastaanottokykyä. Sitten voit toimivasti lähettää Hänelle rukouksesi ja kuulla Hänen vastauksensa.

23

MEDITAATION TIE

Kun olet korjannut mielesi radion ja rauhallisesti virittäytynyt positiivisiin värähtelyihin, miten voit käyttää sitä tavoittaaksesi Jumalan? Vastaus löytyy oikeasta meditaatiomenetelmästä.

Keskittymisen ja meditaation avulla pystyt ohjaamaan mielesi ehtymätöntä voimaa saavuttaaksesi sen, mitä tahdot, ja suojautuaksesi epäonnistumisilta. Kaikki menestyvät miehet ja naiset käyttävät runsaasti aikaa syvään keskittymiseen. He kykenevät sukeltamaan mielensä syvyyksiin ja löytämään oikeiden ratkaisujen helmet kohtaamiinsa ongelmiin. Jos opit kääntämään huomiosi pois häiritsevistä tekijöistä ja suuntaamaan sen yhteen keskittymisen kohteeseen, sinäkin tulet tietämään, miten voit tahtosi voimalla vetää puoleesi, mitä ikinä tarvitset.

Ennen kuin ryhdyt tärkeisiin hankkeisiin, istu

hiljaa, rauhoita aistisi ja ajatuksesi ja meditoi sy-
ventyneesti. Silloin Hengen ylevä, luova voima
ohjaa sinua. Sen jälkeen käytä hyödyksesi kaik-
kia tarpeellisia konkreettisia keinoja saavuttaak-
sesi päämääräsi.

Tarvitset elämässäsi kaikkea sitä, mikä aut-
taa sinua täyttämään tärkeimmän tehtäväsi. Se,
mitä ehkä *haluat* mutta et *tarvitse*, voi viedä si-
nut syrjään tehtävästäsi. Saavutat onnistumisen
vain saattamalla kaiken palvelemaan tärkeintä
tavoitettasi.

ONNELLISUUS ON
MENESTYMISEN MITTA

Mieti, merkitseekö valitsemasi päämäärän to-
teutuminen menestymistä. Mitä *on* menestys?
Jos olet terve ja rikas, mutta sinulla on ongelmia
kaikkien kanssa (itsesi mukaan lukien), elämäsi

ei ole menestyksellinen. Elämäsi on turhanpäiväistä, jos et löydä onnea. *Kun olet menettänyt rikkautesi, olet menettänyt vähän; kun terveytesi on mennyt, olet menettänyt jotain merkittävämpää; mutta jos kadotat mielenrauhasi, olet menettänyt kalleimman aarteesi.*

Menestymistä tulisi näin ollen mitata onnellisuuden mitalla, kyvylläsi pysyä rauhallisessa sopusoinnussa kosmisten lakien kanssa. Menestystä ei pidä mitata maailmallisilla standardeilla: rikkaudella, maineella ja vallalla. Nämä eivät tuo onnea, ellei niitä käytä oikein. Ja osatakseen käyttää niitä oikein täytyy omata sekä viisautta että rakkautta Jumalaan ja ihmiseen.

Jumala ei palkitse eikä rankaise sinua. Hän on antanut sinulle vallan palkita tai rangaista itseäsi sen mukaan, käytätkö järkeäsi ja tahdonvoimaasi oikein vai väärin. Jos rikot terveyden, vaurauden ja viisauden lakeja, sinun täytyy väistämättä kärsiä sairautta, köyhyyttä ja tietämättömyyttä. Sinun täytyy vahvistaa mieltäsi ja kieltäytyä kantamasta mentaalisten ja moraalisten heikkouksien taakkoja, jotka olet menneinä vuosina hankkinut. Polta ne tämänhetkisen jumalallisen määrätietoisuuden ja oikean toiminnan tulessa. Tällaisen rakentavan asenteen myötä saavutat vapauden.

Onnellisuus on jossain määrin riippuvainen ulkoisista olosuhteista mutta pääasiallisesti mielen asenteesta. Ollakseen onnellinen tulisi omata hyvä terveys, tasapainoinen mieli, kukoistava elämä, sopiva työ, kiitollinen sydän ja ennen kaikkea viisautta, Jumalan tuntemusta.

On avuksi, että vakaasti päättää olla onnellinen. Älä odota muutosta olosuhteisiisi kuvitellen virheellisesti, että vaikeutesi johtuvat niistä. Älä tee murheellisuudesta jatkuvaa tapaa; siten vain kiusaat itseäsi ja muita. Sinulle ja läheisillesi on onneksi, jos sinä olet onnellinen. Jos olet onnellinen, sinulta ei puutu mitään. Onnellisuus on sopusoinnussa olemista Jumalan kanssa. Kyky olla onnellinen syntyy meditaatiosta.

TUKEUDU PYRKIMYKSISSÄSI JUMALAN VOIMAAN

Käytä rakentaviin tarkoituksiin sitä voimaa, joka sinulla jo on, ja voimasi kasvaa edelleen. Kulje tietäsi järkähtämättömän päättäväisesti nojautuen onnistumisen kaikkiin osatekijöihin. Virittäydy Hengen luovaan voimaan. Näin saat yhteyden Äärettömään Älyyn, joka pystyy ohjaamaan sinua ja ratkaisemaan kaikki ongelmasi. Olemuksesi dynaamisesta lähteestä virtaa jatkuvasti voimaa, niin että pystyt toimimaan luovasti millä alueella tahansa.

Ennen kuin teet päätöksiä tärkeistä asioista, istu hiljaisuudessa ja pyydä Isältä Hänen siunaustaan. Silloin Jumalan voima tukee sinun voimaasi, Hänen mielensä sinun mieltäsi ja Hänen tahtonsa sinun tahtoasi. Kun Jumala toimii kanssasi, et voi epäonnistua; kaikki kykysi vahvistuvat. Kun työtä tehdessäsi ajattelet palvelevasi Jumalaa, saat Hänen siunauksensa.

Jos työsi on vaatimatonta, älä pyytele sitä anteeksi. Tunne ylpeyttä siitä, että täytät velvollisuutta, jonka Isä on sinulle antanut. Hän tarvitsee sinua omassa erityisessä osassasi; kaikki eivät voi esittää samaa osaa. Niin kauan kuin teet työtä miellyttääksesi Jumalaa, kaikki kosmiset voimat auttavat sinua sopusointuisesti.

Kun saat Jumalan vakuuttuneeksi, että tahdot Häntä enemmän kuin mitään muuta, pääset virittäytymään yhteen Hänen tahtonsa kanssa. Kun jatkat Hänen etsimistään huolimatta esteistä, joita ilmaantuu etäännyttämään sinua Hänestä, käytät inhimillistä tahtoasi kaikkein rakentavimmin. Näin toteutat onnistumisen lakia, jonka ovat tunteneet sekä muinaiset viisaat että kaikki todellista menestystä saavuttaneet. Jumalallinen voima on hallussasi, jos päättäväisesti yrität käyttää sitä luodaksesi terveyttä, onnea ja rauhaa elämääsi. Sitä mukaa kuin saavutat näitä päämääriä, kuljet Itse-oivalluksen tietä todelliseen kotiisi Jumalan luo.

AFFIRMAATIO

———

Taivaallinen Isä, minä ajattelen, minä tahdon ja minä toimin; mutta ohjaa Sinä minun ajatteluani, tahtoani ja toimintaani oikeaan, siihen mitä minun tulee tehdä.

KIRJOITTAJASTA

Paramahansa Yoganandaa (1893–1952) pide-
tään laajalti oman aikamme yhtenä suurimmista
hengellisistä hahmoista. Hän oli syntynyt Poh-
jois-Intiassa ja saapui vuonna 1920 Yhdysval-
toihin. Yli kolmenkymmenen vuoden ajan hän
edisti läntisessä maailmassa kauaskantoisella ta-
valla idän ikuisen viisauden tuntemusta ja arvos-
tamista kirjoituksillaan, monilla luentomatkoil-
laan sekä perustamalla useita Self-Realization
Fellowshipin [1] temppeleitä ja meditaatiokeskuk-
sia. Hänen tunnustusta saanut elämäkertansa,
Autobiography of a Yogi (*Joogin omaelämäkerta*),
samoin kuin hänen lukuisat muut kirjansa
ja kotiopiskeluun tarkoitettu laajasisältöinen

---

[1] Kirjaimellisesti "Itse-oivalluksen yhteisö". Paramahansa Yoga-
nanda on selittänyt, että Self-Realization Fellowship -nimi merkit-
see yhteisyyttä Jumalan kanssa Itse-oivalluksen avulla ja ystävyyttä
kaikkien totuutta etsivien sielujen kanssa. Katso myös "Self-Rea-
lization Fellowshipin päämäärät ja ihanteet".

kirjesarjansa ovat tutustuttaneet miljoonat ih-
miset Intian muinaiseen meditaation tieteeseen
ja menetelmiin, joiden avulla saavutetaan ke-
hon, mielen ja sielun tasapainoinen hyvinvointi.
Hänen läheisimpiin oppilaisiinsa lukeutuvan Sri
Mrinalini Matan ohjauksessa hänen hengellinen
ja humanitaarinen työnsä jatkuu kansainväli-
sessä Self-Realization Fellowship -järjestössä,
jonka hän perusti 1920 levittämään opetuksiaan
maailmanlaajuisesti.

SELF-REALIZATION FELLOWSHIPIN JULKAISUJA

Saatavana kirjakaupoista tai suoraan kustantajalta:

Self-Realization Fellowship
3880 San Rafael Avenue
Los Angeles, California 90065-3219, U.S.A.
Puh +1 323 225-2471 • Fax +1 323 225-5088
www.yogananda-srf.org

PARAMAHANSA YOGANANDAN SUOMEKSI KÄÄNNETTYJÄ KIRJOJA

Joogin omaelämäkerta

Saatavana myös Basam Books -kustantamosta
www.basambooks.com

Onnistumisen laki

Paramahansa Yoganandan sanontoja

Sielun pyhäkössä

Vahvistavien parannuslauseiden tiede

PARAMAHANSA YOGANANDAN ENGLANNINKIELISIÄ KIRJOJA

Autobiography of a Yogi

The Second Coming of Christ:
The Resurrection of the Christ Within You
Inspiroitu kommentaari Jeesuksen alkuperäisistä
opetuksista.

God Talks with Arjuna: The Bhagavad Gita
Uusi käännös ja kommentaari.

Man's Eternal Quest
Paramahansa Yoganandan koottujen luentojen ja
puheiden ensimmäinen osa.

The Divine Romance
Paramahansa Yoganandan koottujen luentojen,
puheiden ja esseiden toinen osa.

Journey to Self-Realization
Paramahansa Yoganandan koottujen luentojen ja
puheiden kolmas osa.

Wine of the Mystic:
The Rubaiyat of Omar Khayyam — A Spiritual Interpretation
Inspiroitu kommentaari, joka tuo päivänvaloon jumalayhteyden mystisen tieteen Rubaijatin arvoituksellisen kuvaston takaa.

Where There Is Light:
Insight and Inspiration for Meeting Life's Challenges
Innoitusta elämän haasteiden ymmärtävään kohtaamiseen.

Whispers from Eternity
Kokoelma Paramahansa Yoganandan rukouksia ja jumalallisia kokemuksia korkeissa meditaatiotiloissa.

The Science of Religion

The Yoga of the Bhagavad Gita:
An Introduction to India's Universal Science of God-Realization

The Yoga of Jesus:
Understanding the Hidden Teachings of the Gospels

In the Sanctuary of the Soul:

A Guide to Effective Prayer

Inner Peace:

How to Be Calmly Active and Actively Calm

To Be Victorious in Life

Why God Permits Evil and How to Rise Above It

Living Fearlessly:

Bringing Out Your Inner Soul Strength

How You Can Talk With God

Metaphysical Meditations

Yli kolmesataa hengellisesti kohottavaa meditaatiota,
rukousta ja affirmaatiota.

Scientific Healing Affirmations

Paramahansa Yoganandan perusteellinen selostus
vahvistavien parannuslauseiden tieteestä.

Sayings of Paramahansa Yogananda
Kokoelma Paramahansa Yoganandan lausumia ja
viisaita neuvoja, hänen vilpittömiä ja rakastavia
vastauksiaan niille, jotka tulivat hakemaan häneltä
opastusta.

Songs of the Soul
Paramahansa Yoganandan mystistä runoutta.

The Law of Success
Selittää ne dynaamiset periaatteet, joita noudattamalla
on mahdollista saavuttaa tavoitteensa elämässä.

Cosmic Chants
Kuudenkymmenen antaumuksellisen laulun sanat
ja melodiat. Johdannossa Paramahansa Yogananda
selittää, miten hengellinen laulu voi johtaa
jumalayhteyteen.

PARAMAHANSA YOGANANDAN ÄÄNITTEITÄ

Beholding the One in All

The Great Light of God

Songs of My Heart

To Make Heaven on Earth

Removing All Sorrow and Suffering

Follow the Path of Christ, Krishna, and the Masters

Awake in the Cosmic Dream

Be a Smile Millionaire

One Life Versus Reincarnation

In the Glory of the Spirit

Self-Realization: The Inner and the Outer Path

MUITA SELF-REALIZATION FELLOWSHIPIN JULKAISUJA

Täydellinen luettelo Self-Realization Fellowship -julkaisuista sekä ääni- ja videotallenteista on saatavana pyydettäessä.

Swami Sri Yukteswar:
The Holy Science

Sri Daya Mata:
Only Love:
Living the Spiritual Life in a Changing World

Sri Daya Mata:
Finding the Joy Within You:
Personal Counsel for God-Centered Living

Sri Gyanamata:
God Alone:
The Life and Letters of a Saint

Sananda Lal Ghosh:
"Mejda":
*The Family and the Early Life
of Paramahansa Yogananda*

Self-Realization *(Paramahansa Yoganandan vuonna 1925 perustama, neljä kertaa vuodessa ilmestyvä lehti)*

SELF-REALIZATION FELLOWSHIPIN OPETUSKIRJEET

Paramahansa Yoganandan opettamia tieteellisiä meditaatiotekniikoita – *kriya*-jooga mukaan lukien – sekä ohjeita tasapainoisen hengellisen elämän kaikille alueille esitetään opetuskirjeissä, Self-Realization Fellowship Lessons. Tarkempaa tietoa löytyy ilmaiseksi saatavasta kirjasesta "Undreamed-of Possibilities", jota on englanniksi, espanjaksi ja saksaksi.

Self-Realization Fellowshipin
PÄÄMÄÄRÄT JA IHANTEET

Määritellyt Paramahansa Yogananda, perustaja
Sri Mrinalini Mata, presidentti

Levittää kansojen keskuuteen tietoa täsmällisistä tieteellisistä tekniikoista, joiden avulla voidaan saavuttaa suora henkilökohtainen kokemus Jumalasta.

Opettaa, että elämän tarkoitus on ihmisen omien ponnisteluiden kautta tapahtuva kehitys rajallisesta kuolevaisen tietoisuudesta Jumala-tietoisuuteen ja tätä varten perustaa kaikkialle maailmaan Self-Realization Fellowshipin temppeleitä, joissa voidaan harjoittaa jumalayhteyttä, sekä kehottaa ihmisiä perustamaan Jumalan temppeleitä omiin koteihinsa ja sydämiinsä.

Tuoda julki alkuperäisen, Jeesuksen Kristuksen opettaman kristinuskon sekä alkuperäisen,

Bhagavan Krishnan opettaman joogan välinen täydellinen harmonia ja perustavanlaatuinen ykseys ja osoittaa, että nämä totuuden periaatteet ovat kaikkien tosi uskontojen yhteinen tieteellinen perusta.

Näyttää se jumalallinen valtatie, jolle kaikkien tosi uskontojen tiet lopulta johtavat: päivittäisen tieteellisen ja antaumuksellisen meditaation valtatie.

Vapauttaa ihminen hänen kolminkertaisesta kärsimyksestään: kehon sairauksista, mielen tasapainottomuudesta ja hengellisestä tietämättömyydestä.

Edistää yksinkertaista elämää ja syvällistä ajattelua; levittää kansojen keskuuteen veljeyden henkeä opettamalla niiden ykseyden ikuista perustaa: että ne kaikki ovat Jumalan sukua.

Osoittaa, että mieli hallitsee kehoa ja sielu mieltä.

Voittaa paha hyvällä, suru ilolla, julmuus ystä-
vällisyydellä, tietämättömyys viisaudella.

Yhdistää tiede ja uskonto niiden perimmäis-
ten periaatteiden ykseyden oivaltamisen kautta.

Edistää idän ja lännen keskinäistä kulttuurista
ja hengellistä ymmärrystä ja kummankin par-
haiden ominaispiirteiden keskinäistä vaihtoa.

Palvella ihmiskuntaa omana laajempana Itsenä.